AF311293

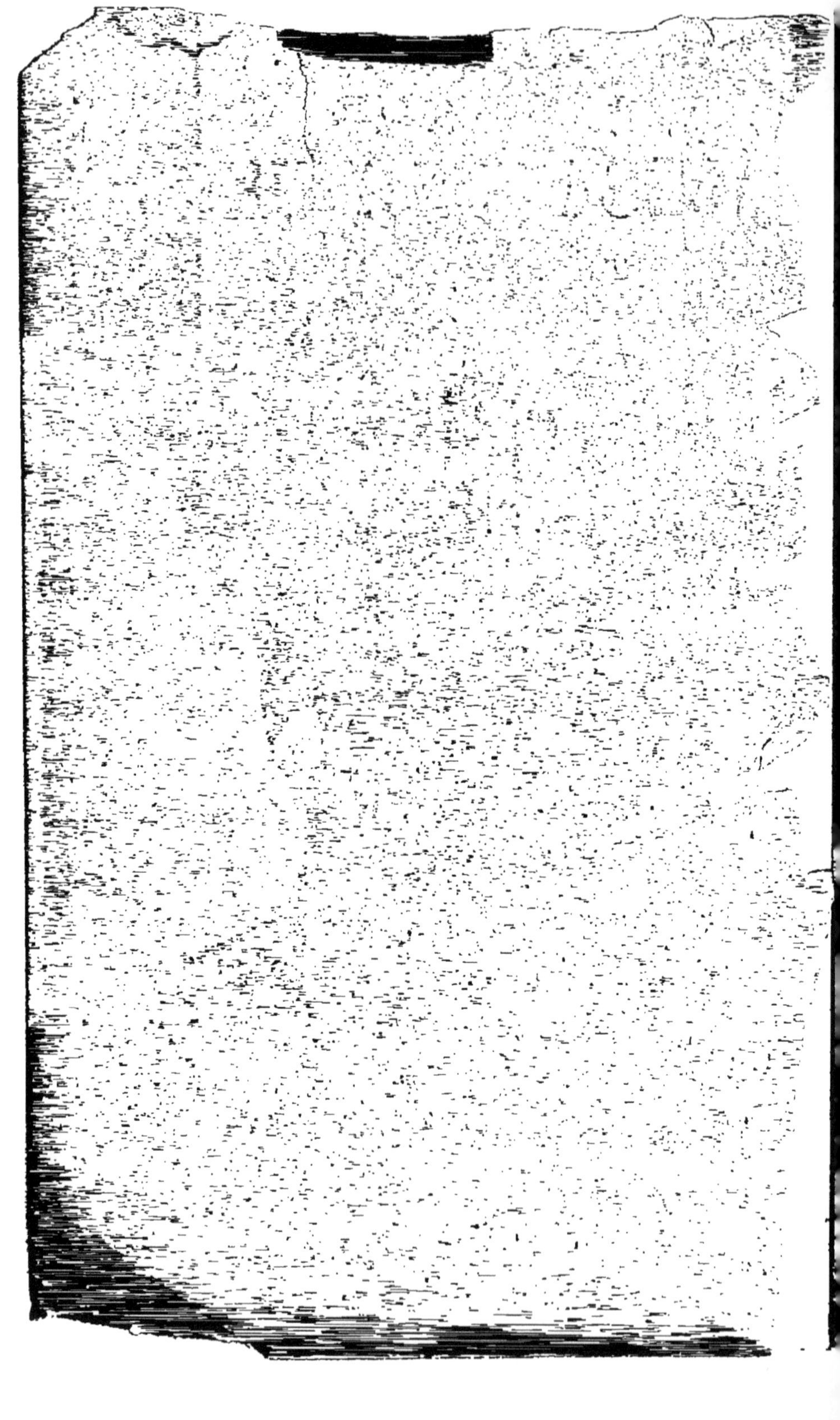

F. MAURETTE

CE QUE LES ÉTATS-UNIS NOUS APPORTENT

Des Aliments
Du Matériel
Des Navires
De l'Or
Des Soldats
D'autres Alliés

LIBRAIRIE HACHETTE ET Cie
79, BOULEVARD SAINT-GERMAIN, PARIS

1917

UN DES PLUS PUISSANTS DREADNOUGHTS DE LA FLOTTE DES ÉTATS-UNIS.

CE QUE

LES ÉTATS-UNIS

NOUS APPORTENT

La déclaration de guerre des États-Unis à l'Allemagne est l'événement le plus considérable, peut-être des temps modernes, sûrement de la période de guerre qui a commencé en août 1914.

On ne saurait coter trop haut le champion qui vient de s'enrôler dans la Ligue des Nations. On ne peut surestimer le concours qu'il nous apporte. Laissons aux Allemands le soin de renouveler à son endroit l'erreur qu'ils ont commise à l'égard de la « petite armée britannique », et qu'ils sont en train d'expier.

Au lendemain de la lecture du message du président Wilson au Congrès (2 avril), le président d'une de nos Chambres de commerce les plus importantes, s'adressant à un consul des États-Unis, disait : « Vous nous apportez des hommes, du matériel, de l'argent. Que pourriez-vous nous apporter de plus ? » — « Le cœur », répondit l'Américain.

Que le *cœur* y soit, il n'y a point de doute. Chaque jour, depuis trois mois, nous a apporté des preuves de l'ardeur que la plus jeune puissance et la plus vieille démocratie du monde déploie pour jouer dans la lutte un rôle digne d'elle et de la cause qu'elle défend. Les Américains se sont plongés dans la guerre « jusqu'aux oreilles ». Avec le mélange d'enthousiasme et de sens pratique qui lui est propre, ce peuple, le plus riche et le plus actif qui soit au monde, met à la disposition des alliés toute sa puissance, *produits alimentaires, matériel, navires, or, soldats,* pour achever vite et bien la guerre par la victoire.

Ce qu'il nous apporte ainsi, nous voudrions en faire rapidement l'inventaire, afin de réconforter les cœurs, — s'il y en a, — que trois ans de guerre ont quelque peu déprimés.

I. — DES ALIMENTS.

Les besoins des Alliés. — Dès avant la guerre, l'une des principales puissances alliées, l'Angleterre, demandait au dehors les trois quarts de sa nourriture. Son sol lui fournissait à peine 27 pour 100 des céréales nécessaires ; le reste lui venait de ses colonies, de la Russie, des États-Unis. Aujourd'hui, la Russie lui est fermée, et le grand éloignement de l'Inde et de l'Australie rend leurs apports plus aléatoires que ceux d'Amérique. L'Angleterre demandait encore du sucre à la France et à l'Allemagne, du beurre, du fromage et des œufs aux pays scandinaves et à la Russie. Tous ces marchés lui sont fermés, sauf les pays scandinaves, qui ne demeurent qu'entr'ouverts.

Et pourtant, par le fait de la guerre, les besoins alimentaires de l'Angleterre se sont accrus en même temps que la population qu'elle doit nourrir : il lui faut subvenir à la subsistance de travailleurs venus du monde entier dans ses usines, aux besoins encore plus pres-

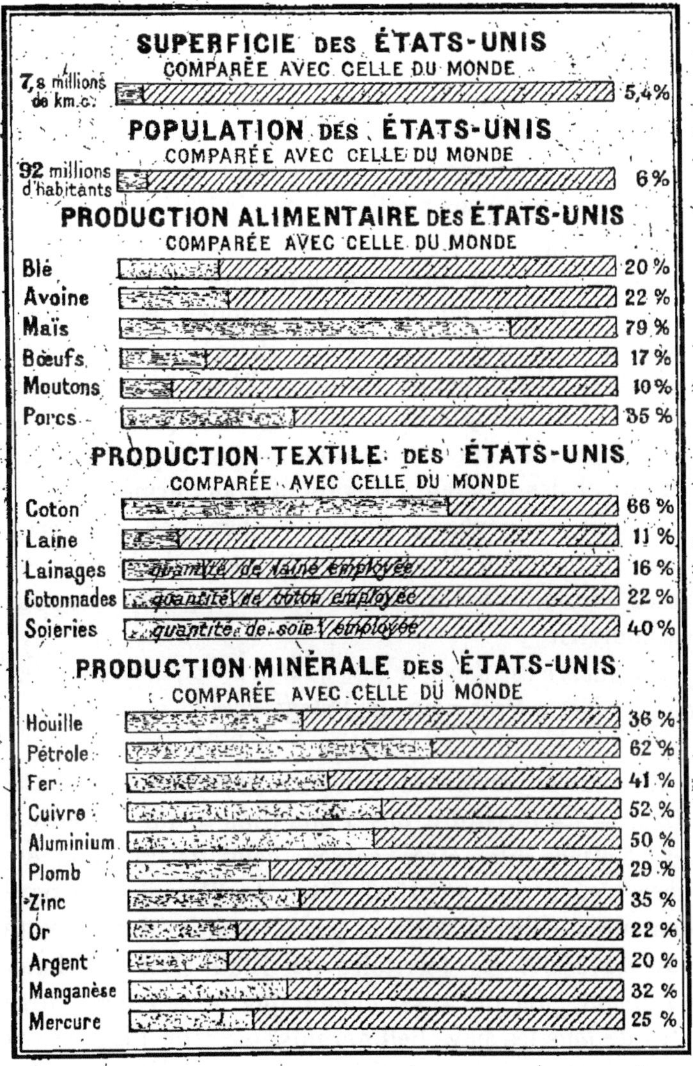

SUPERFICIE DES ÉTATS-UNIS
COMPARÉE AVEC CELLE DU MONDE

7,8 millions de km.c. — 5,4 %

POPULATION DES ÉTATS-UNIS
COMPARÉE AVEC CELLE DU MONDE

92 millions d'habitants — 6 %

PRODUCTION ALIMENTAIRE DES ÉTATS-UNIS
COMPARÉE AVEC CELLE DU MONDE

Blé	20 %
Avoine	22 %
Maïs	79 %
Bœufs	17 %
Moutons	10 %
Porcs	35 %

PRODUCTION TEXTILE DES ÉTATS-UNIS
COMPARÉE AVEC CELLE DU MONDE

Coton	66 %
Laine	11 %
Lainages (quantité de laine employée)	16 %
Cotonnades (quantité de coton employée)	22 %
Soieries (quantité de soie employée)	40 %

PRODUCTION MINÉRALE DES ÉTATS-UNIS
COMPARÉE AVEC CELLE DU MONDE

Houille	36 %
Pétrole	62 %
Fer	41 %
Cuivre	52 %
Aluminium	50 %
Plomb	29 %
Zinc	35 %
Or	22 %
Argent	20 %
Manganèse	32 %
Mercure	25 %

LA PRODUCTION DES ÉTATS-UNIS COMPARÉE AVEC LA PRODUCTION MONDIALE.

Il n'y a pas d'autre pays dans le monde dont la production donne à un tel point l'impression de l'abondance dans la variété.

sants d'une très grande armée, où, à côté des soldats métropolitains, combattent des centaines de milliers de coloniaux.

De même pour la France. Avant la guerre, elle se suffisait à peu près à elle-même, sauf pour les denrées tropicales. Aujourd'hui, l'invasion du Nord et du Nord-Est l'a privée de ses meilleures terres à blé, d'une partie de son cheptel, de presque toutes ses terres à betteraves, de presque toutes ses raffineries. Et, plus encore que l'Angleterre, elle a vu se multiplier les bouches à nourrir : réfugiés, travailleurs indigènes et neutres, soldats de Belgique, d'Afrique et d'Asie, légions étrangères, — tandis que le rendement de la portion même du sol qui reste intacte est diminué par l'appel des plus jeunes et des meilleurs travailleurs aux armées.

L'Italie, elle-même, moins touchée par la guerre, mais surpeuplée, n'avait, déjà au temps de la paix, ni assez de blé, ni assez de sucre, ni assez de viande pour se nourrir.

La guerre est devenue une guerre de la faim. Qu'est-ce que les États-Unis nous apportent pour la soutenir ?

Étendue et variété du territoire productif aux États-Unis. — Le territoire des États-Unis a une superficie de 7 859 000 kilomètres carrés ; celui de l'Europe entière n'en a que 9 750 000. Otez de l'Europe les pays demeurés neutres dans le grand conflit, il n'en reste que 8 275 000. Le territoire des États-Unis est donc, à lui seul, presque aussi étendu que le *territoire européen* de *tous* les pays belligérants, pays de l'Entente et pays ennemis.

Sans doute, la terre de nos nouveaux alliés n'est pas partout féconde : il y a, dans le Grand Ouest (*Far*

Les États-Unis ont tous les climats, tous les produits végétaux de la terre.

West), des montagnes dénudées, des steppes arides, et même des déserts. Il n'en demeure pas moins que, à la veille de la guerre, la propriété rurale aux États-Unis se partageait et exploitait 336 millions d'hectares, c'est-à-dire six fois la superficie *totale* de la France, huit fois le territoire exploité de notre pays. Or la France

PRINCIPAUX PRODUITS AGRICOLES DES ÉTATS-UNIS.

La principale région de céréales s'étend de l'Atlantique-Nord aux Grands-Lacs, autour de Chicago. La principale région du coton s'étend de l'Atlantique-Sud au golfe du Mexique, autour de la Nouvelle-Orléans. L'élevage domine dans le Centre; les fruits et les cultures maraîchères à l'Ouest, autour de San Francisco.

doit nourrir environ 40 millions d'hommes; les États-Unis, 100 millions. Ainsi, pour une population deux fois et demie plus forte, les États-Unis ont des cultures huit fois plus étendues.

Territoire immense; produits infiniment variés. Les États-Unis s'étendent de l'Océan Pacifique à l'Océan Atlantique, de la latitude d'Orléans à celle du Caire.

Leur sol connaît tous les climats, toutes les cultures. Près du Canada, au voisinage de l'Atlantique, ce sol, couvert de prairies et de pommiers, rappelle notre Normandie et la *Green Country*, le Pays Vert, de l'Angleterre. Sur les bords du Golfe du Mexique, il offre au regard les savanes du Soudan, les rizières et les terres à coton de l'Inde et de l'Égypte. Près du Pacifique, autour de San Francisco, le pays, lumineux et brûlé de soleil, porte, partout où l'irrigation répand sa rosée, les arbres fruitiers, les vignes, les oliviers, les dattiers familiers aux bords de la Méditerranée. Les Grandes Plaines de l'intérieur, enfin, sont couvertes de prairies d'élevage et de steppes de pastorat, qui nourrissent le premier troupeau de bœufs, de moutons et de chevaux du monde ; entre les Grands Lacs, le Missouri et l'Ohio, elles produisent le blé, l'orge, l'avoine, le maïs et nourrissent des millions d'animaux de ferme.

Un grenier et un cheptel pour les Alliés. — Sur un territoire qui ne représente que 5 pour 100 des terres émergées, les États-Unis produisent 20 pour 100 du blé, 32 pour 100 de l'avoine, *79 pour 100* du maïs que produit le monde entier. Parmi les grandes céréales nourricières de l'humanité, seul le riz y occupe une place modeste ; encore la grande République en produit-elle plus que n'importe quel pays d'Europe, l'Italie incluse. Sur le territoire des États-Unis vivent 17 pour 100 des bœufs, 10 pour 100 des moutons, 24 pour 100 des chevaux et *35 pour 100* des porcs élevés dans le monde entier.

La population des États-Unis, qui, elle aussi, représente environ 5 pour 100 de la population du globe, ne peut consommer à elle seule toutes ces richesses agricoles. Agriculture et élevage alimentent l'exportation; l'une et l'autre sont organisés en vue de l'exportation.

Sans doute, on a pu dire que, toutes proportions gardées, la propriété rurale n'est guère plus concentrée aux États-Unis qu'en France. Il y a, aux États-Unis, plus de cinq millions de propriétaires ruraux contre quatre millions d'ouvriers agricoles. Ce qui domine dans les campagnes, c'est le propriétaire moyen : les États-Unis forment une grande démocratie rurale. Mais, dès que la production agricole est acquise, les produits sont rapidement concentrés, grâce à de puissants organismes industriels et commerciaux, qui les recueillent, les manipulent, les transforment et les acheminent vers les ports d'exportation.

Suivez les quelque 600 hectolitres de blé que produit annuellement une propriété moyenne du Minnesota ou de l'Illinois. Leur propriétaire les porte aux marchés de Saint-Paul, de Minneapolis ou de Chicago. Là ils vont rejoindre des milliers d'autres hectolitres dans d'immenses *elevators* appartenant à de grandes sociétés, d'où ils seront déversés, sans mise en sac, dans de grands chalands en fer qui, par les fleuves et les Grands Lacs, les amèneront à la voie ferrée, dont les wagons iront les plonger dans les cales des *cargos* spécialement aménagés de New-York. La mise en sac n'aura lieu qu'au terminus, à Liverpool ou au Havre.

Suivez les bœufs qui paissent dans les prairies du Far West, les porcs de l'Illinois et du Mississipi. Ils vont, eux aussi, se concentrer dans les grands parcs de Kansas, de Cincinnati ou de Chicago, pour succomber

aux hécatombes quotidiennes d'immenses abattoirs : ceux de Chicago débitent chaque jour 80 000 bœufs, plus de 32 000 tonnes de viande comestible, sans compter le cuir, la corne et les sous-produits.

Ce que les États-Unis ont déjà fait pour les Alliés. — Dès la première année de la guerre, une masse énorme de produits alimentaires a traversé l'Océan, venant des États-Unis, à destination des pays de l'Entente et aussi (il faut le reconnaître) de certains pays neutres, qui ont partiellement ravitaillé l'Allemagne.

Pendant l'année qui avait précédé la guerre, et qui correspond à l'année fiscale américaine : 1er juillet 1913-30 juin 1914, les États-Unis avaient envoyé en Europe 640 millions de francs de céréales et de farines. En 1914-1915, ils en ont envoyé 1900 millions de francs, trois fois plus; en 1915-1916, la même somme à peu près.

En 1913-1914, ils avaient envoyé en Europe 2200 millions de francs de produits alimentaires bruts ou préparés. En 1914-1915, ils en ont envoyé 4800 millions de francs, deux fois plus; en 1915-1916, la même somme à peu près.

Pour le sucre, dont les exportations avant la guerre étaient presque nulles des États-Unis vers l'Europe, elles ont monté, dès 1914-1915, à 150 millions de francs; et, l'année suivante, elles ont triplé : 400 millions.

Telles sont les exportations vers l'Europe entière, quel que soit le camp, alliés, ennemis ou neutres. Mais on sait bien que, dès cette période, la meilleure portion était pour les pays de l'Entente : en 1914-1915, sur une exportation de 680 millions de salaisons de porc (lard, jambon, saindoux), il y en avait 565 pour l'Angleterre et 60 pour la France, soit les deux tiers pour ces deux seuls pays.

Voilà pour les produits alimentaires. Quant aux animaux de trait, qui relèvent aussi de l'agriculture et dont la guerre fait une telle consommation, les États-Unis n'en exportaient presque pas avant la guerre : 22 000 chevaux et 5000 mulets en 1913-1914. Or, en 1914-1915, ils ont expédié 289 000 chevaux et 66 000 mulets, représentant une somme de 350 millions de francs, dont 260 (plus des trois quarts) pour l'Angleterre et la France réunies. Cette exportation a encore augmenté pendant la deuxième année de la guerre.

Ce que les États-Unis peuvent faire. — Maintenant que les États-Unis sont dans notre camp, il n'est point douteux que leurs exportations alimentaires et agricoles vont s'intensifier vers les pays alliés, se raréfier vers les pays neutres, s'efforcer de donner aux premiers tout ce dont ils ont besoin, de ne donner aux seconds que ce dont ils ont besoin pour eux-mêmes.

Sans doute, la puissance agricole des États-Unis a dû diminuer depuis trois ans, comme celle du monde entier. C'est à dessein que, pour la production comparée des États-Unis et du monde, nous n'avons donné (page 5) que des pourcentages, et non des chiffres absolus : les chiffres absolus, nous ne les avons que pour l'année qui a précédé la guerre ; depuis, ils ont dû fléchir, aux États-Unis comme ailleurs. La grande République, demeurée neutre pendant 32 mois, a vu son agriculture souffrir de la guerre : les usines métallurgiques, travaillant à force pour les belligérants et pour la marine américaine, ont enlevé aux champs une partie de leur main-d'œuvre, déjà assez réduite ; l'émigration des ouvriers agricoles d'Europe s'est arrêtée. C'est des États-Unis qu'est parti le premier cri d'alarme sur la famine dont est menacé le monde entier pendant et après la guerre, le premier appel aux restrictions préventives.

Mais la crise de main-d'œuvre y a certainement été moins forte que chez les belligérants. Elle a dû être moins sensible dans un pays où le machinisme agricole n'a rien à envier au machinisme industriel, où le plus petit propriétaire est acquis depuis longtemps à l'emploi des charrues, semeuses, herseuses, moissonneuses, batteuses mécaniques.

L'entrée des États-Unis dans la guerre ne ramènera pas pour nous les années de vaches grasses. Il n'y aura plus d'années de vaches grasses pour personne pendant un long temps après la guerre. Mais ils nous enverront le plus qu'ils pourront de céréales, de légumes et de fruits, de viandes frigorifiées et de salaisons. Et s'ils peuvent nous assurer notre livre de pain quotidien quand l'Allemand n'en aura pas un quart, du pain bis quand l'Allemand aura du pain noir, un peu de pain quand l'Allemand n'en aura plus du tout, ils nous auront aidés à tenir le dernier *quart d'heure*, ce fameux « quart d'heure » qui pourrait bien durer un trimestre.

II. — DU MATÉRIEL.

Les besoins des Alliés. — Chaque mois de la guerre a vu s'accroître les besoins des belligérants en artillerie, en munitions, en aéroplanes, en engins d'offensive et de défensive, en matériel de traction et de télégraphie de toutes sortes.

A ces besoins, les industries conjuguées de l'Angleterre et de la France ont répondu le mieux possible. L'Angleterre a su adapter aux exigences de la guerre ses innombrables usines des Midlands et de la Clyde. La France, malgré une invasion qui l'a privée de sa principale région industrielle, du meilleur de ses mines, d'un contingent hélas! trop appréciable de ses capitaux et de ses usines, la France, tout en barrant le passage à l'ennemi et en le refoulant peu à peu, — a couvert d'usines nouvelles son territoire. D'Angleterre et de France part du matériel de guerre à destination de tous les pays alliés.

Pourtant, les industries de ces deux pays sont surmenées. Malgré le désir judicieux des Alliés de tout traiter entre soi et d'acheter le moins possible aux neutres, elles n'ont pu totalement subvenir à ces besoins immenses et sans cesse grandissants. Grave nécessité, à un moment de la guerre où l'argent se fait naturellement plus rare.

Et puis, le matériel n'est pas tout : il faut le combustible et les matières premières pour le fabriquer. A ce point de vue, les puissances industrielles de l'Occident européen sont nettement inférieures aux puissances centrales. Pour rétablir l'équilibre, il leur faut s'adresser aux voisins ou aux pays d'outre-mer.

Elles n'ont pas assez de combustible. L'Italie n'a presque pas de houille ; le Portugal, non plus. Le bassin houiller franco-belge est, pour les deux tiers, aux mains de l'ennemi ; la France ne produit plus guère que 22 millions de tonnes de houille par an, un peu plus de la moitié de sa production en temps de paix, un peu moins de la moitié de sa consommation en temps de guerre. La Russie se suffit à peine, avec une industrie réduite. Reste l'Angleterre, ce « bloc de houille ». Avec ses 275 millions de tonnes annuels et ce qui reste de la production française, elle dépasse de quelque 50 millions la production ennemie. Est-ce suffisant, alors que le bloc des Alliés doit chauffer pendant l'hiver une population deux fois plus nombreuse, et surtout actionner une flotte de steamers qui représente à peu près les quatre cinquièmes de la flotte mondiale et dont sa vie dépend ?

Pour le pétrole, conditions différentes, résultat identique. Les puissances centrales n'ont à leur disposition que les puits de Galicie et ceux que les Roumains n'ont pas détruits au cours de leur retraite. Et sans doute les gisements russes du Caucase produisent à eux seuls trois fois plus. Mais les pétroles russes ne peuvent nous parvenir. Si, avant avril 1917, les Alliés d'Occident s'en étaient tenus à leurs propres territoires, ou à leurs propres possessions, ils n'auraient pu faire appel qu'à la Malaisie anglaise et au Japon, qui n'offrent pas plus de 1.100.000 tonnes, contre 3 millions de tonnes dont peut disposer l'ennemi.

Pour les matières premières, mêmes conditions désavantageuses. Le bois, qui venait à l'Angleterre de Scandinavie et de Russie, ne lui parvient plus ou lui parvient difficilement. Si les colonies anglaises fournissent abondamment la métropole de coton (Inde, Égypte) et de laine (Australie), elles ne lui fournissent ni assez de cuir, ni assez de caoutchouc, ni assez de métaux. La question des métaux est surtout grave, et celle du fer et de l'acier avant toute autre.

Lorsque la guerre a éclaté, l'ancien grand producteur du fer et de l'acier, l'Angleterre, déclinait : du premier rang elle était passée au second en 1890, en 1910, elle était au quatrième. Les États-Unis occupaient le premier rang; l'Allemagne, le second; la France, le troisième. Notre pays, avec 16 500 000 tonnes de minerai de fer, dépassait ainsi de peu l'Angleterre (15 700 000 t.) et était distancé d'assez loin par l'Allemagne (25 800 000 t.). En somme, au 1er août 1914, la situation des ressources en fer était favorable aux Alliés. Elle pouvait se chiffrer ainsi :

Puissances de l'Entente : 59 millions de tonnes de minerai par an.
Empires centraux : 26 millions et demi de tonnes de minerai par an.

Au 1er septembre, la situation était renversée ; l'Allemagne avait occupé les gisements du Luxembourg et de la Belgique; surtout, elle tenait nos merveilleux gisements de Lorraine, qui fournissaient à eux seuls les quinze seizièmes de la production française. La situation, désormais, se chiffrait ainsi :

Puissances de l'Entente : 24 millions de tonnes.
Empires centraux : 47 millions et demi de tonnes.

Depuis, elle n'a varié qu'à l'avantage du groupe austro-germanique, lui livrant en 1915 les gisements de la Pologne russe.

Au moment où retentit le cri fameux : « Des canons! des munitions! », l'Entente produisait à peine la moitié du fer que les Empires centraux extrayaient de leur sol ou du sol conquis. Elle n'a pu tenir le coup que grâce aux importations étrangères, mais au prix de quels sacrifices financiers !

La guerre est de plus en plus une guerre de matériel. Qu'est-ce que les États-Unis nous apportent pour la soutenir?

Ressources des États-Unis en matières premières. —
Les États-Unis produisent 11 pour 100 de la laine qui
est ouvrée chaque année dans le monde. Ils ne con-
naissent de rivaux que cinq groupes : l'Australasie et
l'Afrique du Sud, deux colonies anglaises; la Russie et
ses colonies d'Asie; l'Argentine et les pays méditerranéens. Parmi ces derniers, la plupart sont aux mains
de l'Entente. Sans les États-Unis, les Alliés contrôlaient déjà 59 pour 100 du stock de laine mondial; avec
les États-Unis, 70 pour 100.

Les États-Unis, qui possèdent 17 pour 100 des bœufs
du monde et 10 pour 100 des moutons, produisent une
proportion bien plus élevée de cuir, parce que, dans ce
pays industrialisé à l'extrême, aucune peau, aucune
portion de peau n'est perdue, et les parties les plus
dures comme les moins résistantes du cuir y trouvent
un emploi judicieux.

Les États-Unis produisent 58 pour 100 du coton qui
est filé chaque année dans le monde. Sur la rive Sud de
l'Atlantique et sur les bords du golfe du Mexique
s'étend le *Cotton Belt*, la terre la plus riche en coton
que l'on connaisse, dont le rendement est supérieur
à celui du *regur* de l'Inde, dont la production quali-
tative atteint presque celle de l'Égypte et du Tur-
kestan. Ces trois pays sont, avec la Corée, les seuls
rivaux des États-Unis pour la production du coton, —
des rivaux d'ailleurs distancés de loin : or deux d'entre
eux appartiennent à l'Angleterre, un à la Russie, un au
Japon. Sans les États-Unis, les Alliés contrôlaient déjà
37 pour 100 du stock de coton mondial; avec les États-
Unis, 95 pour 100, — presque tout.

Pour le bois, enfin, les États-Unis sont, avec la Russie, la Sibérie, les pays scandinaves et le Canada, les

possesseurs des plus vastes forêts de la zone tempérée. Avant la guerre, ils étaient déjà les premiers exportateurs de bois du monde. Leur primauté s'est accrue avec les difficultés de la navigation en temps de guerre dans l'océan Glacial et dans la mer du Nord.

De toutes les grandes matières premières d'origine végétale les États-Unis sont surabondamment pourvus, si l'on excepte le caoutchouc et les oléagineux : coprah, huile de palme et d'arachide. Or, en dehors des colonies belges, anglaises et françaises, un seul pays les produit en grandes quantités : c'est le Brésil, un pays ami, dont l'entrée en guerre des États-Unis a rendu l'amitié plus étroite et plus agissante.

Quand il s'agit de matières premières d'ordre minéral, la suprématie des États-Unis ne s'affirme plus partielle, mais totale, universelle. Ils occupent le premier rang pour tous les combustibles, pour tous les grands métaux, sauf pour la production d'or et d'argent, où ils occupent le second.

Les États-Unis ont produit, en 1914-1915, 500 millions de tonnes de houille, soit *36 pour 100* de la production mondiale. Leurs cinq grands bassins de la zone Atlantique sont d'une exploitation bien plus récente que ceux de l'Angleterre; à plus forte raison, leurs bassins de l'Ouest, qui sont encore dans l'enfance industrielle. L'extraction du charbon y est plus facile et moins coûteuse qu'en Europe; les réserves y paraissent infinies, comparables seulement à celles de la Chine, dont l'exploitation commence à peine.

Les États-Unis ont produit, en 1914-1915, plus de 50 millions de mètres cubes de pétrole, soit *62 pour 100* de la production mondiale. Aux gîtes anciennement exploités de la Pennsylvanie et de l'Alleghany se sont récemment ajoutés ceux du Texas, du Colorado et de la Californie, qui paraissent inépuisables. Le rendement est décuplé par une exploitation scientifique et rationnelle : le pétrole, jaillissant de puits forés quelquefois

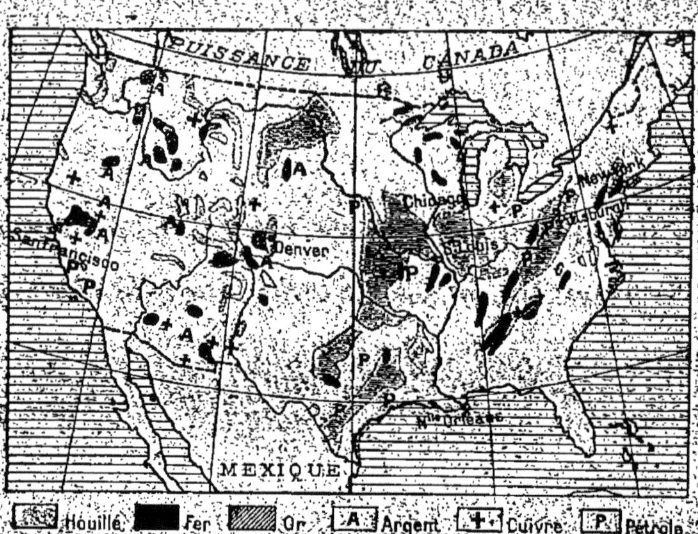

RICHESSES MINÉRALES DES ÉTATS-UNIS

Les États-Unis sont le pays du monde le plus riche en mines. Ils possèdent des minerais précieux (or, argent), des minerais utiles à l'industrie (fer, cuivre), des combustibles (houille, pétrole). A l'Ouest, dans les Rocheuses, dominent les minerais précieux; à l'Est, dans le bassin du Mississipi et dans les Alleghanys, la houille et le pétrole; au Nord, vers le Lac Supérieur, le minerai de fer.

à 200 mètres de profondeur, est recueilli dans d'immenses réservoirs, d'où des canalisations souterraines, ou *pipe lines*, l'amènent aux raffineries, d'où il est déversé dans des wagons citernes, puis dans des bateaux-citernes, qui le débarquent, sans manipulations inutiles, aux ports de destination. La mise en bidons n'a lieu souvent qu'à Liverpool, à Londres, au Havre ou à Bordeaux.

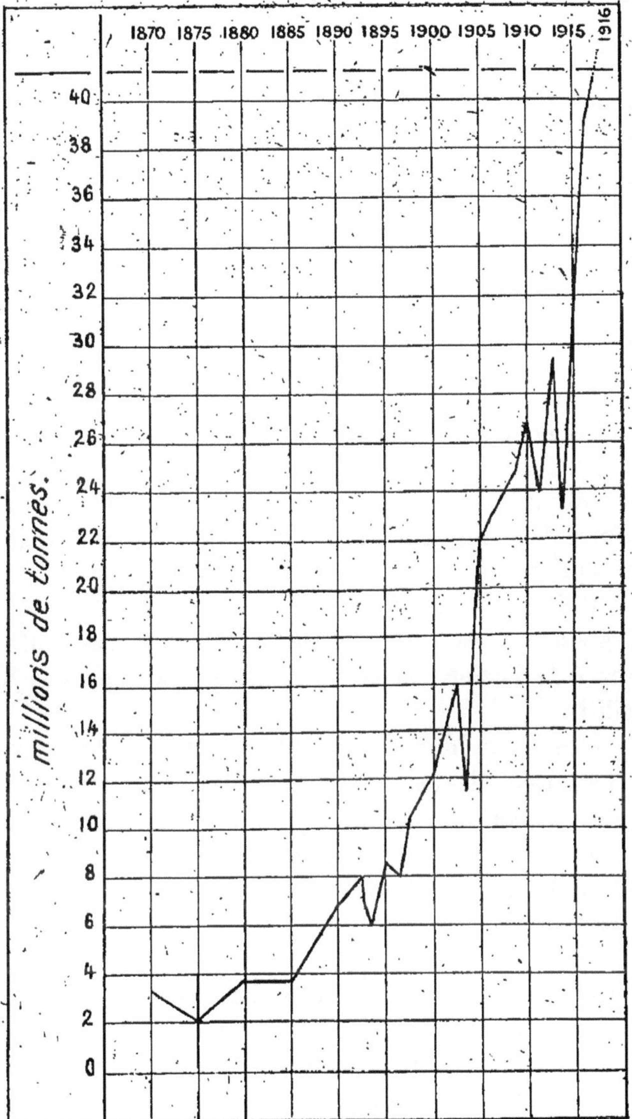

PROGRÈS DE LA PRODUCTION DE LA FONTE AUX ÉTATS-UNIS.

Depuis que la guerre a éclaté sur l'Europe, la production de la fonte aux États-Unis s'est accrue de moitié.

Les États-Unis produisaient en moyenne avant la guerre 50 millions de tonnes de minerai de fer, ce qui représentait *41 pour 100* de la production mondiale. En 1916, ils en ont produit 84, ce qui doit représenter à peu près les trois cinquièmes de la production mondiale, troublée et transformée par la guerre. La production de la fonte (et de l'acier, car presque toute la fonte devient de l'acier aux États-Unis) a suivi la même progression : 24 millions de tonnes en 1914, 41 en 1916. Que l'on juge d'après cela la suprématie actuelle des États-Unis dans la production de l'acier, si l'on songe que, dès avant la guerre, ils représentaient *75 pour 100* de la production mondiale! Les mines de fer du Minnesota, autour de Duluth, sur les bords du lac Supérieur, produisent à elles seules plus de minerai que la France, dans son intégrité, et en y comprenant l'Algérie, n'en produisait avant la guerre. Les aciéries de Pittsburg et des vingt villes qui l'entourent coulent à elles seules le quart de l'acier qui se coule chaque année dans le monde!

Ajoutons à ce bilan formidable 52 pour 100 de la production mondiale en cuivre, la moitié de l'aluminium, le tiers environ du zinc, du plomb et du manganèse, le quart du mercure, le cinquième de l'or et de l'argent. Quel poids énorme et décisif mis dans la balance, sur le plateau des Alliés!

Puissance industrielle des États-Unis. — Occupant le premier rang pour la production des matières premières, les États-Unis l'occupent également pour l'industrie. Avant la guerre, l'industrie des États-Unis représentait une valeur de production annuelle de 50 milliards de francs environ, c'est-à-dire un peu plus que l'Angleterre, beaucoup plus que l'Allemagne et que la France.

Cette industrie présente les caractères les plus propres à favoriser la production abondante, rapide, *en séries*, grâce à la concentration des matières premières sur des points déterminés, à la mise en œuvre de capitaux gigantesques, à l'union des usines d'une même spécialité ou de spécialités voisines sous des *trusts* uniques, à la construction et au groupement de fabriques colossales. On a vu la part de Pittsburg dans la production mondiale de l'acier, le nombre de têtes de bétail abattues quotidiennement dans les abattoirs de Chicago. Voici quelques chiffres aussi saisissants. On cite telle usine d'automobiles d'où sortent 150 000 voitures par an, 500 par jour ouvrable. Dans la même branche d'industrie, la *Ford Motors Co.* a un capital de 500 millions de francs. Les États-Unis qui, en 1902, n'avaient que 5000 véhicules automobiles roulant sur leur territoire, en avaient 650 000 en 1912 et *2 millions* en juin 1915. Le trust de l'acier dispose d'un capital de 5 milliards et demi de francs; ses bénéfices qui, depuis sa fondation, oscillaient entre 325 et 650 millions de francs *par an*, sont montés à 700 millions pendant le premier semestre de 1916, *en six mois*. Les usines de 3000 à 4000 employés ne sont pas rares; on cite une aciérie de l'Ohio qui en a 7400.

Concentration, spécialisation; — ajoutons : affranchissement de tout lien traditionnel. Un industriel américain n'a l'esprit arrêté par aucune habitude, aucune routine; il est tout acquis à l'idée de renouveler souvent son matériel; il préfère acquérir de nouvelles machines plus perfectionnées, plutôt que de dépenser des sommes considérables à entretenir des machines démodées. Il sait s'*adapter* rapidement à toutes les demandes de la clientèle ou de l'époque. On sent avec quelle rapidité il peut s'adapter aux exigences de la guerre.

Ce que les États-Unis ont déjà fait. — Cette adaptation a commencé depuis plus de deux ans.

Depuis les derniers mois de 1914, l'industrie des États-Unis travaille pour la guerre et ravitaille les Alliés. Dès 1914-1915, les exportations de coton, dont le total s'élevait à 1930 millions de francs, comportaient 830 pour l'Angleterre et 140 pour la France. L'industrie du coton s'est adaptée à la guerre sur le territoire même de l'Union. Dans le premier trimestre de 1917, 38 000 tonnes de coton ont été consacrées à la fabrication d'explosifs.

Les exportations de métal, qui représentaient avant la guerre environ 900 millions de francs, sont montées à 1150 en 1914-1915, à 5 milliards en 1915-1916. Les exportations d'automobiles, qui représentaient avant la guerre environ 200 millions de francs, sont montées à 375 millions en 1914-1915, à 750 en 1915-1916. Les exportations d'explosifs, qui étaient presque nulles avant la guerre, sont montées à 207 millions en 1914-1915, à 2300 millions en 1915-1916 (onze fois plus que l'année précédente) ; et, pendant les neuf premiers mois de l'année fiscale qui vient d'expirer (1er juillet 1916-31 mars 1917), elles ont atteint 3200 millions, ce qui représente une exportation annuelle d'explosifs de près de 4 milliards et demi.

Et tout cela pour les Alliés, Anglais, Français, Italiens et Russes. Les exportations des États-Unis vers les quatre grands pays de l'Entente se sont modifiées ainsi au cours des deux premières années de la guerre

EXPORTATIONS DES ÉTATS-UNIS (en millions de francs) :

	Avant la guerre.	En 1914-1915.	En 1915-1916.
Vers l'Angleterre .	2.605	5.960	9.250
Vers la France . .	650	2.500	4.500
Vers l'Italie . . .	278	1.350	1.500
Vers la Russie . .	95	845	2.400

Les exportations des États-Unis vers l'Entente représentent les sept dixièmes des exportations totales de la grande République. On estime à 17 milliards de francs la valeur du matériel de guerre (canons, munitions, etc.) envoyé en deux ans et neuf mois par les États-Unis aux Alliés.

Ce que les États-Unis peuvent faire. — A ce qu'ils ont pu faire quand ils étaient neutres, mesurons ce que les États-Unis peuvent faire maintenant qu'ils sont entrés des deux pieds dans la bataille.

Il est bien certain que, tout en équipant leurs propres armées, ils sont de taille à maintenir et même à intensifier la production du matériel de guerre pour nos propres troupes. A ce point de vue, l'importance grandissante du rôle de l'artillerie dans la bataille met de plus en plus au premier plan la fourniture de canons et d'explosifs, par conséquent d'acier et de houille.

Pour l'acier, nous n'avons point d'inquiétudes : la formidable production des États-Unis y suffira. De même, pour les explosifs : notre industrie chimique de guerre fonctionne excellemment, et l'aide des États-Unis continuera puissante.

Reste la houille. Les États-Unis devraient nous aider pour notre approvisionnement en houille, comme pour le reste. Avant la guerre, la question de l'exportation de houille des États-Unis en Europe ne se posait pas sérieusement : l'Angleterre suffisait aux besoins de l'Europe Occidentale. Quelques essais d'exportation des États-Unis, d'ailleurs assez mal conçus et exécutés sans soin, n'avaient pas réussi. Aujourd'hui, l'Angleterre accomplit avec peine sa formidable tâche de ravitaillement. Faisons appel aux États-Unis. Est-ce à dire que nous devons nous attendre à voir bientôt de nombreux cargos traverser l'Océan, portant leur plein de houille, comme d'autres portent leur plein de blé, de coton ou de pétrole? La question n'est pas tellement simple.

Il y a deux façons d'alléger nos besoins en houille. La première, la plus facile pour une puissance industrielle, est de transformer sur place les matières premières qu'elle nous envoie et de nous les adresser sous forme de produits fabriqués. La fabrication en France de 60.000 tonnes d'explosifs représente 400.000 tonnes de matières premières, qui doivent traverser l'Océan, et un poids considérable de combustible, qu'il nous faut demander aux Anglais. Si les 60.000 tonnes d'explosifs se fabriquaient aux États-Unis et nous arrivaient prêtes à être employées, une double économie s'ensuivrait : économie de charbon chez nous, et économie de transports, le poids de la matière à transporter diminuant de plus des quatre cinquièmes. Cette économie, au prix où sont montés le fret et le charbon, dépasserait le prix de fabrication que nous devrions payer aux Américains, et notre industrie de guerre en serait soulagée.

L'autre façon d'alléger nos besoins, à laquelle il faudra peut-être en venir, c'est bien l'exportation de houille des États-Unis vers la France et l'Italie. Elle est souhaitable. Est-elle possible? Le transport des houillères de l'Alleghany à la côte par voies de fer et canaux ne présente aucune difficulté; toutefois, le prix de revient de la houille en sera grevé. Mais surtout le tonnage du trafic à travers l'Océan s'accroîtra encore formidablement. Et c'est là le point essentiel : avons-nous assez de navires, nous, les Alliés, pour imposer ce surcroît de travail à une marine marchande qui doit subvenir déjà à tant de tâches? Le nombre et le tonnage des navires : toute la question est là.

III. — DES NAVIRES.

Les besoins des Alliés. — Au début de la guerre, le tonnage de tous les vapeurs du monde représentait environ 44 millions de tonneaux : là-dessus 59 pour 100 appartenait aux Alliés ou aux Italiens, qui devaient bientôt entrer dans leurs rangs; 14 pour 100 aux pays ennemis, y compris la Turquie; le reste, aux neutres. La suprématie des Alliés leur venait surtout de l'Angleterre, qui, à elle seule, représentait 48 pour 100 du tonnage mondial.

Depuis, les proportions sont demeurées à peu près les mêmes. Sans doute, les Alliés ont perdu beaucoup de navires par les torpillages des sous-marins; mais ils en ont construit aussi un grand nombre. Et les puissances ennemies ont perdu environ le tiers de leur flotte de commerce, par suite de prises en haute mer au début de la guerre, et de confiscations successives dans les ports. Constructions et confiscations expliquent que les flottes marchandes du Japon, de l'Italie, du

Portugal, de la Russie même aient augmenté; que seules les flottes de la Belgique, de la France et de l'Angleterre aient diminué, ces deux dernières, d'ailleurs, dans des proportions qui ne sont pas très fortes (4 pour 100 et 3 pour 100).

S'il s'agissait donc seulement de proportions, de comparaisons entre adversaires se trouvant dans les mêmes conditions de lutte, la situation des flottes de l'Entente serait excellente. Mais il n'en est pas ainsi. Les flottes marchandes ennemies ne naviguent pas; elles sont consignées dans les ports, sauf les navires qui se livrent à des échanges réduits dans la Baltique. Les puissances centrales ne peuvent pas compter et ne comptent pas sur la circulation maritime pour soutenir la guerre. Au contraire, le commerce mondial est, pour les Alliés, une condition essentielle du succès final. Ce qui importe, ce n'est donc pas de savoir si leur flotte marchande garde sa supériorité de tonnage sur la flotte marchande de l'ennemi, mais si le tonnage absolu de leur flotte suffit, avec l'aide des neutres, à la tâche énorme qui lui incombe.

Or il n'est point douteux que, dans l'ensemble, le tonnage des flottes alliées a diminué pendant les trente premiers mois de la guerre : dès le milieu de 1916, il était passé de 26 150 000 tonnes à 25 900 000 tonnes environ. Depuis que l'Allemagne a déclaré la guerre sous-marine à outrance, il a dû diminuer encore, malgré l'intensification du travail sur les chantiers anglais. Cependant, la tâche de cette flotte augmente : il y a toujours plus de troupes à transporter d'un point à l'autre de l'immense champ de bataille; il y a toujours plus de matériel à apporter aux légions qui s'efforcent sur toute l'étendue du front.

La guerre est devenue une guerre de transports. Qu'est-ce que les États-Unis nous apportent pour la soutenir?

Les communications intérieures aux États-Unis. — Ici une parenthèse est nécessaire. Avant d'estimer la flotte marchande des États-Unis, il faut noter qu'il ne nous est pas indifférent, à nous, les Alliés, que les États-Unis soient abondamment pourvus de moyens de communication *intérieurs*.

Nous avons eu dans nos rangs, dès la première heure, un pays aussi étendu et plus peuplé que les États-Unis, riche comme lui en matières premières, produisant autant que lui du bois, des céréales, du bétail, de la laine; produisant moins que lui, mais en quantités appréciables, du coton, des combustibles, des minerais : c'est la Russie d'Europe et d'Asie. Or nous savons, après trois ans de guerre, quelles difficultés la Russie a rencontrées dans la mise en œuvre de ses ressources, par suite du mauvais entretien de ses voies navigables et de la faiblesse de son réseau ferré : 60 000 kilomètres à peine de chemins de fer, moins que l'Allemagne, pour un territoire huit fois plus étendu ! Et nous savons aussi ce que nous a coûté l'admirable organisation du réseau navigable et du réseau ferré de l'Allemagne, et l'usage que l'ennemi, assiégé de toutes parts, a su faire de la fameuse « ligne intérieure ».

Ce nous est donc un réconfort de savoir que les États-Unis ont d'excellentes voies de communications intérieures. La région atlantique (le pays du fer, de la houille, du blé et du coton) a pour elle le merveilleux réseau du Mississipi (Mississipi, Ohio, Missouri), qui représente 20 000 kilomètres de voies d'eau larges, profondes, navigables en toutes saisons, dotées de ports bien outillés. Au confluent de l'Ohio et du Mississipi, le port de Cairo voit, chaque année, passer 8000 navires, 50 millions de tonnes, allant de la région du coton à la région du fer, et *vice versa*. Et puis, les États-Unis ont les Grands Lacs, véritable mer intérieure, dont la superficie égale les deux cinquièmes du territoire de la France, et qui offrent, d'Est en Ouest, une ligne navigable continue de 2500 kilomètres. Sur les Grands Lacs navigue une flotte quatre fois supérieure à la flotte maritime de la France. Au passage de Détroit passent chaque année cinq fois plus de navires qu'il n'en passait, avant la guerre, par le canal de Suez.

Quant aux voies ferrées, les États-Unis en ont 390 000 kilomètres, c'est-à-dire 66 000 kilomètres de plus

SUPERFICIE

États-Unis 7,800.000 kilom. carrés	Europe 10.000.000 kilom. carrés

LONGUEURS DES RAILS

390.000 kilomètres	324.000 kilomètres

RÉSEAUX FERRÉS COMPARÉS DE L'EUROPE ET DES ÉTATS-UNIS.

Les États-Unis, moins étendus que l'Europe, ont plus de voies ferrées qu'elle.

que l'Europe entière, pour un territoire moins étendu. Ils n'ont pas moins de cinq transcontinentaux. Dans la région industrielle et agricole qui s'étend de l'Atlantique aux Grands Lacs, de New-York à Saint-Louis et à Chicago, ce réseau est extraordinairement serré. Vers cette dernière ville 80 lignes aboutissent des prairies d'élevage du Far West, des champs de blé et de maïs du Mississipi, des mines du Minnesota et de l'Ohio.

Cet énorme développement des voies ferrées a fait la grandeur des États-Unis : il a permis le peuplement du Far West, la mise en exploitation des champs et des mines du Centre, comme des pâturages de l'Ouest, l'exportation des produits vers l'Europe, la propagation jusqu'au Pacifique de la civilisation européenne et des principes démocratiques. Les chemins de fer ont été l'instrument de la prospérité et de l'unité nationale. Ils permettront à ce grand peuple d'apporter à la grande guerre une contribution digne de lui.

La flotte marchande des États-Unis. — A s'en tenir aux steamers, la flotte marchande des États-Unis était, pour les statisticiens, dès avant la guerre, la deuxième du monde ; elle possédait, en effet, 5 millions et demi de tonneaux de navires à vapeur, beaucoup moins que l'Angleterre, mais un peu plus que l'Allemagne.

Mais la moitié de cette flotte à vapeur ne navigue pas sur la mer : elle est destinée aux fleuves et aux Grands Lacs. De la moitié qui demeure proprement maritime, un contingent appréciable sert au trafic sur le Pacifique ou au cabotage entre les deux côtes des États-Unis par le canal de Panama. Ce contingent ne saurait être diminué sans qu'il en coûtât à la vie économique des États-Unis et indirectement aux Alliés. Le trafic par Panama ne nous est pas indifférent : il permet aux États-Unis d'amener de leurs colonies du Pacifique, des Philippines et d'Hawaï (et de là chez nous), du sucre, des textiles, des oléagineux ; il leur permettra d'envoyer à l'Australie des métaux, de la houille, des produits fabriqués, et de soulager d'autant la marine anglaise. Il ne faut pas que ce trafic soit diminué.

Reste, sur le tonnage de 1914, environ 1 800 000 tonnes disponibles pour le trafic de l'Atlantique. Mais, pendant les 29 premiers mois de la guerre, ce tonnage a déjà singulièrement augmenté. Les chantiers des États-Unis ont construit à force, et de plus en plus 200 000 tonneaux en 1914, 280 000 en 1915, 1 150 000 en 1916.

Même en admettant que les Américains ne se servent pas un jour des navires allemands confisqués dans leurs ports, on peut estimer qu'ils ont déjà plus de 5 millions et demi de tonneaux disponibles pour la navigation atlantique. Leurs publicistes affirment que, dans un an, ils en auront le double.

Il faut que cette affirmation devienne une réalité. L'appoint actuel des États-Unis rend la flotte marchande des Alliés suffisante, mais seulement suffisante, rien de plus.

Pour l'accroître, il faut construire.

Il n'est point douteux que les chantiers des États-Unis vont accélérer de plus en plus leurs constructions. Navires en bois? Navires en fer? Navires de fort tonnage ou de tonnage moyen? Il n'est pas certain qu'ils adoptent un seul type, ou même qu'un choix exclusif soit souhaitable. Au demeurant, quels que soient les types adoptés, nous savons que les constructions seront rapides et nombreuses. Les États-Unis ont tout ce qu'il faut pour obtenir la rapidité et le nombre : le bois, le fer, les chantiers, la main-d'œuvre, les capitaux, — et la volonté.

IV. — DE L'OR.

Les besoins des Alliés. — Il est difficile d'estimer exactement la richesse d'un État. Elle se mesure, non seulement à son encaisse métallique et à sa faculté d'émettre du papier-monnaie, mais à la fortune cachée chez les particuliers, à l'activité des capitaux privés et du travail, toutes choses difficiles à chiffrer et qui permettent, cependant, à l'État de contracter des emprunts intérieurs, de gager des emprunts extérieurs.

Ces réserves faites, les puissances alliées jouissaient, à l'origine de la guerre, d'une suprématie financière incontestable. Parmi les vieilles puissances de l'Europe Occidentale, l'Empire allemand faisait figure de jeune. Récemment unifié, tard venu à l'industrie, il n'était pas, en 1914, un pays riche, mais un pays en train de s'enrichir.

Au contraire, l'Angleterre et la France étaient des pays riches. L'Angleterre, bien qu'elle fût obligée d'importer beaucoup plus qu'elle n'exportait, continuait pourtant à voir, chaque année, sa fortune s'accroître. Elle le devait à son capital, à son rôle de banquier mondial, aux innombrables entreprises qu'elle faisait naître et soutenait de ses deniers dans ses colonies, dans les pays neufs de l'Amérique du Sud et de l'Amérique Centrale, en Océanie, en Chine, au Japon, aux États-Unis même. Elle le devait aussi à la location de sa flotte marchande, dont le tonnage dépassait de beaucoup les besoins de son propre commerce, pourtant formidable, et qui faisait le négoce maritime de la moitié de l'univers. Quant à la France, sa solide fortune foncière lui permettait d'engager de nombreux capitaux en Russie, en Orient, en Extrême-Orient, en Afrique, même en Amérique, et de soutenir sa prospérité, malgré une dette qui ne représentait pas moins de 828 francs par tête d'habitant (Angleterre, 406 francs; Allemagne, 100 francs).

En somme, à s'en tenir à l'encaisse métallique, on peut dire que, au début de la guerre, celle des pays alliés représentait près de 20 milliards de francs; celle des Empires centraux, 4 milliards.

C'est la suprématie financière des Alliés qui leur a permis de tenir le coup et de parer, à force de millions, à leur insuffisante préparation ou à leur non-préparation militaire. La France a pu contracter des emprunts, qui ont bien réussi, au dedans comme au dehors. L'Angleterre, tout en faisant des avances considérables à ses Alliés, a réussi des emprunts extraordinaires, dont le dernier a dépassé 25 milliards. Il suffit de comparer le taux du change des monnaies alliées et des monnaies ennemies pour se rendre compte que notre puissance financière demeure, après trois ans de guerre, la plus forte.

Pourtant, elle diminue. On ne se soumet pas impunément pendant trois ans au régime paradoxal d'acheter infiniment plus qu'on ne vend. L'Angleterre elle-même a vu ses principales ressources diminuer. Si son commerce extérieur s'est assez bien maintenu jusqu'au milieu de 1916, il lui a fallu depuis, par l'effet de la guerre sous-marine, réserver pour son propre usage et pour celui de ses Alliés sa grande flotte marchande, un peu diminuée; réserver pour ses Alliés ses capitaux disponibles; réserver pour la guerre la plus grande partie de sa production industrielle. Il lui a fallu payer *en or* une partie de ses achats à l'étranger

en 1916, elle n'a pas exporté moins de 5 milliards de
francs d'or aux États-Unis; voilà un trou que les mines
du Transvaal et d'Australie réunies mettraient près de
trois ans à combler. A ce régime, les fortunes les plus
solides fondent lentement. Et cependant, la guerre
coûte plus cher chaque jour.

*La guerre est une guerre à coups de milliards. Qu'est-
ce que les États-Unis nous apportent pour la soutenir?*

La richesse des États-Unis. — Ils nous apportent
une des plus grosses fortunes qui soient au monde.

Dès avant la guerre, les États-Unis étaient riches. Ils
devaient leur richesse à la fécondité de leur sol, aux
trésors de leur sous-sol, à l'afflux toujours croissant de
la main-d'œuvre immigrante, à l'esprit d'initiative et
d'association de leurs industriels et de leurs banquiers.
Ils la devaient surtout à ce trait essentiel de leur vie
économique : chaque année leurs exportations dépas-
saient leurs importations. Depuis 1894, il n'y a pas une
année où les États-Unis n'aient vendu aux pays étrangers beaucoup plus qu'ils ne leur ont acheté. Au cours
des vingt années qui ont précédé la guerre, l'excédent
minimum des exportations sur les importations a été
de 375 millions de francs (en 1895), l'excédent maximum a été de 3350 millions (en 1908).

Les États-Unis importaient relativement peu. Les
manuels scolaires d'Amérique peuvent dire, sans exagération, que chaque citoyen de l'Union achète 200 francs
de produits américains pour 5 francs de produits étrangers; — entendons : de produits industriels. Quant aux
produits agricoles et aux matières premières les États-
Unis en achetaient surtout aux pays de l'Amérique

tropicale et de l'Extrême-Orient. En Angleterre, l'Union exportait trois fois plus qu'elle n'importait; en Allemagne, deux fois plus. En 1913-1914, sur un commerce total de 21 300 millions de francs, les exportations représentaient 11 850 millions, et les importations 8 450.

Avec un tel régime, un pays fait rapidement fortune.

Or, les trois premières années de la guerre n'ont fait qu'accroître l'écart entre les exportations et les importations, au profit des premières. La fortune des États-Unis, qui était déjà rapide, a pris une marche foudroyante. L'Angleterre, qui, avant la guerre, achetait chaque année 2 600 millions de francs aux États-Unis, leur a acheté près de 6 milliards pendant la première année de la guerre, et plus de 9 milliards pendant la seconde. La France, qui, avant la guerre, achetait chaque année 650 millions de francs aux États-Unis, leur a acheté 2 500 millions pendant la première année de guerre, et 4 500 pendant la seconde. L'excédent des exportations sur les importations, qui était de 2 400 millions de francs en 1913-1914, est monté à 5 500 millions (5 milliards et demi) pendant la première année de guerre, et, pendant la seconde, à *10 650 millions, plus de 10 milliards et demi de francs!*

Au début de 1916, le président Wilson déclarait : « Si la guerre dure encore un an, l'Amérique aura drainé la moitié de l'or en circulation dans le monde. » Le fait doit être accompli aujourd'hui; et l'on peut estimer, sans exagération, que les États-Unis possèdent à eux seuls les quatre cinquièmes de l'or qui circule en Amérique. Si l'on chiffre à 40 milliards environ la masse de numéraire or qui existe sur la terre, on peut dire qu'aujourd'hui le groupe de l'Entente, sans les

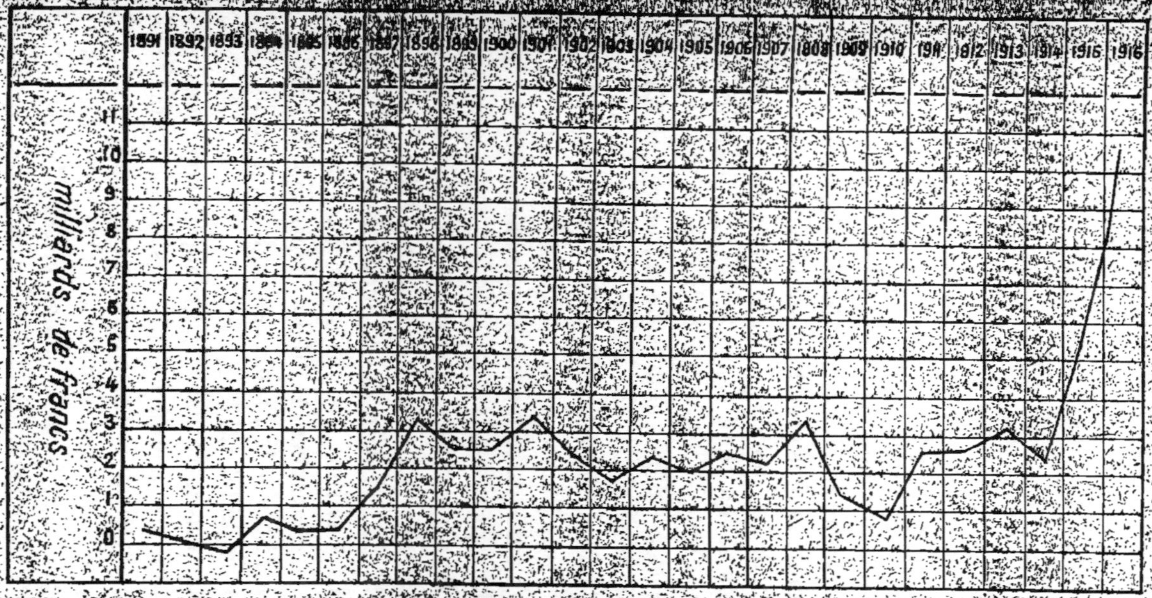

COMMENT LES ÉTATS-UNIS SE SONT ENRICHIS. PROGRÈS ANNUEL DE L'EXCÉDENT DES EXPORTATIONS SUR LES IMPORTATIONS PENDANT VINGT-CINQ ANS

Pendant les 24 années qui ont précédé la guerre, les exportations des États-Unis ont dépassé leurs importations chaque année sauf en 1893. Le plus beau chiffre atteint par cet excédent était 3350 millions de francs en 1908. Or, à la fin de la première année de guerre, l'excédent atteignait cinq milliards et demi; à la fin de la deuxième année, il dépassait dix milliards et demi.

États-Unis, possède 18 milliards; les États-Unis, 15 milliards; le reste du monde, y compris nos ennemis, 7. C'est donc plus des quatre cinquièmes de la fortune mondiale qui, grâce à l'entrée en guerre des États-Unis, se trouvent constituer maintenant le trésor de l'Alliance.

Ce que les États-Unis ont fait, ce qu'ils peuvent faire

— Quel rôle peut jouer, dans la guerre, le peuple qui est non seulement le plus riche du monde, mais celui qui a accumulé la plus grande quantité de monnaie d'or depuis que l'or est monnayé? Ne jouât-il aucun autre rôle (et nous savons que cela n'est point), il tiendrait avec le plus grand succès celui de banquier.

Pendant les premières années de la guerre, les Américains ont souscrit à nos emprunts nationaux. En 1916, un emprunt franco-anglais de 2600 millions de francs aux États-Unis a parfaitement réussi, bien que les capitaux américains n'eussent pas l'habitude de se placer en Europe.

Depuis leur entrée en guerre, les États-Unis ont réalisé un premier emprunt qui dépasse à lui seul de beaucoup la dette totale de l'Union jusqu'à ce jour (15 milliards, environ). Ils ont déjà avancé de l'argent aux Alliés. Les avances à l'Italie dépassent 500 millions; les avances à la France atteindront le milliard avant la fin de juillet 1917.

Si un État est entré dans la grande guerre sans y être déterminé par aucun calcul, c'est bien la grande démocratie américaine. Laissons certains neutres suggérer que, s'ils se sont rangés à notre côté, c'est à titre de créanciers, pour ne point laisser dévaliser et ruiner leurs principaux débiteurs. Singulière opéra-

tion, qui consisterait à engager 50 milliards au bas mot
(ce sont les dépenses de guerre déjà prévues), pour
sauver 10 milliards de créances qui ne paraissaient pas
tellement compromis !

Ceux qui, avant le 2 avril 1917, suggéraient, au contraire, que la puissance américaine, s'enrichissant pendant que les deux groupes ennemis se ruinaient, était
le *tertius gaudens* de l'histoire, semblaient plus près de
la vérité. Et pourtant, ils se trompaient eux aussi. Les
États-Unis n'ont pas hésité à se jeter dans la lutte,
quand ils ont senti que leur idéal était en jeu. Leur
entrée en guerre n'a pas été une « affaire ».

Mais la *guerre* elle-même est une affaire : c'est le président Wilson, cet idéaliste, qui l'a dit. Ne doutons
point que l'Union ne la traite comme toutes les affaires
qu'elle entreprend, rapidement, largement, en faisant
donner toute sa puissance et en engageant tout son or.

V. — DES SOLDATS.

Les besoins des Alliés. — Les Alliés ont beaucoup
plus d'hommes en ligne que les Empires centraux. A
l'heure actuelle, les anciens belligérants ont atteint, ou
peu s'en faut, le maximum de leur effort de recrutement ; s'il y en a qui ne l'ont pas encore fait, ce sont
des alliés à nous : les Anglais, les Italiens. Le chiffre
de la population exprime donc la capacité de ce recrutement. Or, du côté des Alliés, il y a 267 millions d'Européens ; du côté des ennemis, 126. Les pertes des deux
camps au cours de la guerre les laissent dans la même
situation relative au point de vue du nombre. Sans

doute, il faut mettre à l'avantage de l'Allemagne l'occupation du sol belge et d'une portion des territoires français, russe et roumain, la captivité d'un certain nombre de leurs habitants mobilisables. Mais les Alliés ont pour eux l'appoint des troupes coloniales : Algériens, Marocains, Soudanais, Hindous, Canadiens, Australiens, Néo-Zélandais, etc. La supériorité en effectifs des alliés reste donc grande. Est-elle suffisante?

En tout cas, elle ne sera jamais excessive, si l'on songe à la tâche qu'ils doivent accomplir : l'*offensive* sur un front immense, dont ils occupent la zone extérieure, tandis que l'ennemi bénéficie de la « ligne intérieure »; la nécessité de maintenir des contingents importants dans leurs colonies propres et dans les colonies conquises sur l'Allemagne. En outre, il est d'une importance vitale pour la France, et même pour l'Angleterre, que le « front » n'absorbe pas toutes les ressources en main-d'œuvre du pays : il y va du ravitaillement des armées en ligne; il y va de la fortune de nos pays après la victoire. Il ne faut pas que le chasseur expire, d'avoir trop saigné sur la bête abattue.

La guerre a toujours été une guerre d'effectifs. Qu'est-ce que les États-Unis nous apportent pour la soutenir?

L'organisation militaire des États-Unis. — L'armée actuelle des États-Unis rappelle ce qu'était l'armée anglaise au début de la guerre : une armée active de 247 000 hommes, composée uniquement de volontaires; une armée territoriale, à forme de garde nationale, de 450 000 hommes. Cette armée est bien équipée; elle est animée du désir de bien faire et dirigée par des chefs instruits, qui ont beaucoup observé et beaucoup appris depuis trois ans. Elle est l'embryon autour duquel va se former la grande armée nationale.

Pour la flotte de guerre américaine, elle est plus qu'un embryon, plus qu'un espoir. Avant la guerre, elle occupait déjà le troisième rang, serrant de près la flotte allemande; elle doit aujourd'hui occuper le second. Voilà 900 000 tonneaux de navires de guerre de toutes sortes, qui vont contribuer à défendre la grande route de l'Océan, par où nous arrivent des aliments et du matériel, par où nous arriveront des soldats.

La population des États-Unis. — Pour former leur grande armée, les États-Unis ont 100 millions d'habitants, c'est-à-dire plus que l'Angleterre et la France réunies, presque autant que l'Allemagne et l'Autriche-Hongrie ensemble. Nos nouveaux alliés pourraient lever à eux seuls une armée égale en nombre à celle de nos ennemis. Serait-ce souhaitable? Serait-ce prudent? Ni l'un ni l'autre. Mais il est bon que les États-Unis n'aient pas à craindre une crise de recrutement.

Pour se battre, il ne suffit pas d'être en nombre; il faut *vouloir* se battre, et *savoir* pourquoi on se bat. Des neutres mal renseignés ont douté de la volonté des Américains; ils ont méconnu l'unanimité nationale des États-Unis; ils ont même prétendu que cette fédération n'était pas une nation.

L'Allemagne elle-même a peut-être fondé sur cette idée sa politique à l'égard de la démocratie américaine. Ce fut une erreur de psychologie, qu'elle paiera cher.

Sans doute, la population des États-Unis est en partie constituée d'éléments tard venus sur le continent américain, dont on aurait pu craindre qu'ils n'eussent pas eu le temps de se faire une conscience américaine

L'émigration, qui avait donné aux États-Unis 4 millions
d'immigrants en 40 ans, de 1821 à 1860, leur en a
donné autant dans les vingt années qui suivirent, de
1861 à 1880. Elle leur en donna le double, soit 8 millions, de 1881 à 1900, et huit autres millions de 1901 à
1910, en dix ans seulement. Ainsi afflux toujours crois-

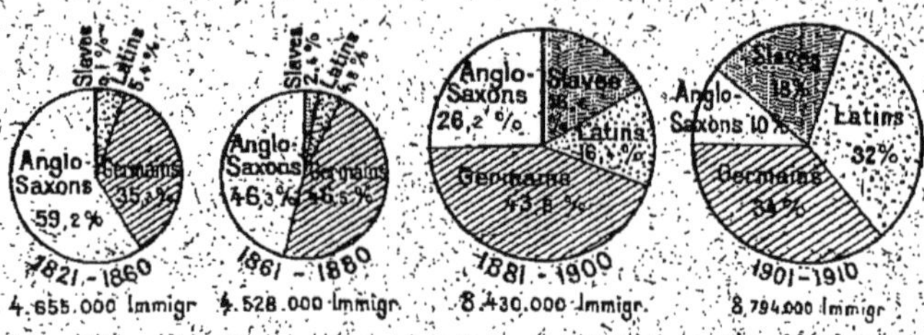

NATIONALITÉ DES ÉMIGRANTS AUX ÉTATS-UNIS.

*Jusqu'en 1860, les Anglo-Saxons dominent. Jusqu'en 1900, ce sont les Alle-
mands. Aujourd'hui, ce sont les Slaves et les Latins.*

sant d'émigrants; population neuve, qui n'a pas encore
eu le temps de faire souche. Ajoutons : population très
mêlée.

Jusqu'au milieu du siècle dernier, les Anglais domi-
nèrent parmi les immigrants; puis ce furent les Allemands, qui forment dans certaines villes du centre des
noyaux volumineux et solides : Chicago a 500 000 Allemands; enfin, ce furent les Slaves et les Méditerranéens,
Italiens, Grecs, etc.

Malgré ces origines variées, nous savons aujourd'hui
que les États-Unis forment bien une nation, douée
d'une culture, d'une civilisation, — et cette civilisation
est incontestablement anglo-saxonne : elle est fondée
sur la liberté de l'individu, sur sa pleine expansion au
milieu de l'association, dont il est le membre conscient,
et non point l'instrument passif.

Dans la vie de chaque colonie qui se forme, il y a un *moment psychologique*, où sa civilisation prend une couleur qu'elle ne perdra plus, quels que soient les éléments étrangers qui viendront désormais s'incorporer à elle : ces éléments étrangers, elle les absorbera, les assimilera, leur donnera sa couleur. C'est ainsi que l'Algérie est et demeurera française, parce que, lorsque l'âme algérienne est née, la grande majorité des colons était française. Les Espagnols et les Italiens, qui y arrivent maintenant, en plus grand nombre que les Français, deviendront *fatalement* Français. De même, aux États-Unis, la conscience nationale s'est formée quand la majorité qui les peuplait était anglaise. L'idéal, qui les a fait entrer dans la guerre, est de principe anglo-saxon : il est fondé sur la liberté, sur le respect des individus et des nations, ces grandes individualités collectives. Un Wilson parle non seulement en anglais, mais il parle comme un Anglais.

La *nation* américaine sait donc pourquoi elle se bat, et elle se battra unanimement. Les Allemands disent volontiers que, dans cette guerre, il n'y a que deux soldats qui comptent : l'Allemand et le Français ; deux volontés : l'Allemande et l'Anglaise. Peut-être commencent-ils aussi à apprécier le soldat anglais, la volonté française. Ils connaîtront bientôt le soldat américain, la volonté américaine.

Ce que peut faire la nation américaine. — « Nous sommes prêts à appeler sous les plis du drapeau des milliers, des centaines de milliers, peut-être même des millions de nos hommes, de nos hommes les plus jeunes et les plus forts, prêts à affronter la mort. Ils se disposent à aller au loin verser leur sang... » (Discours du président Wilson, prononcé le 14 juin 1917, jour de la Fête du Drapeau).

La conscription, que l'Angleterre a mis deux ans à adopter, a été faite en Amérique deux mois après la déclaration de guerre. Elle a porté sur 10 millions d'hommes. On parle de l'envoi rapide de neuf divisions, prises sur l'armée actuelle, et de la constitution de deux armées nouvelles, chacune de 500 000 hommes, qui passeraient l'Océan à leur tour. Il plaît à notre imagination de se représenter, si la guerre doit durer encore un assez long temps, l'armée française tendant toutes ses énergies vers la Lorraine et vers l'Alsace, tandis que, à côté de leurs frères Anglais, les soldats Américains délivrent les Belges, qu'ils ont empêché pendant deux ans de mourir de faim.

Mais *l'armée américaine ne doit faire aucun tort à l'agriculture et à l'industrie américaines :* c'est là une question vitale pour les Alliés.

Quelques jours après la lecture du message du président Wilson au Congrès, le journal économique le plus important des États-Unis, le *Financial and Commercial Chronicle* de New-York, écrivait non sans appréhension : « Maintenant les États-Unis vont avoir à combattre pour les idées démocratiques en empruntant « les méthodes prussiennes. Il faudra enlever, pour la « création d'une armée, des millions d'hommes aux « entreprises productrices… D'autres millions seront « occupés à les équiper et à leur fournir des vêtements, « des canons, des munitions… L'entrée des États-Unis « dans l'arène, en intensifiant les conditions qui sont « responsables du développement rapide de l'épuise- « ment économique, tendra certainement à diminuer la « durée de la guerre. Quant à savoir si notre interven-

« tion sera au bénéfice de ceux auxquels nous vou-
« lons du bien, ou si, au contraire, elle les étranglera,
« l'avenir seul le dira. »

C'est de nous, les Alliés, que la chose dépend. A nous
de savoir limiter nos exigences par une juste intelli-
gence des nécessités et des circonstances, et à ne rien
demander à l'armée américaine qui puisse affaiblir l'a-
griculture et l'industrie, dont dépend la résistance de
nos propres armées.

VI. — DE NOUVEAUX ALLIÉS.

L'Amérique latine et les Alliés. — La plupart des
républiques de l'Amérique du Sud ont été favorables
aux Alliés dès le début de la guerre : là-bas on a fait
des vœux pour nous, parce que nous représentons la
civilisation occidentale, d'où ces républiques sont nées,
et les idées démocratiques, sur lesquelles elles sont
fondées. Mais on s'est borné aux vœux jusqu'au mois
d'avril 1917. Pourquoi ?

Les républiques américaines sont jeunes, et, comme
auprès de tous les jeunes, la force brutale jouit d'un
certain prestige auprès d'elles. L'Allemagne avait ha-
bilement, dès avant la guerre, joué de sa force devant
elle. On aimait la France, la sœur latine ; on admirait
et l'on redoutait l'Allemagne. Trop souvent, au début
de la guerre, nous avons senti venir de là-bas jusqu'à
nous l'expression d'une sympathie apitoyée, qui nous
blessait et dont nous ne voulions pas.

Pourtant, à mesure que notre résistance s'affirme
victorieuse, la pitié se mue en confiance joyeuse. Et

voici que les États-Unis entrent dans l'arène. C'est là le fait décisif. Depuis le 2 avril 1917, neuf républiques, Cuba, Panama, Guatemala, Nicaragua, Honduras, Haïti, Saint-Domingue, la Bolivie et le grand Brésil, se sont dressées plus ou moins ouvertement contre l'Allemagne. Les autres suivront, tôt ou tard.

L'Amérique latine et les États-Unis. — Depuis la réunion du Congrès panaméricain de Buenos-Aires, en 1906, les États-Unis apparaissent comme le tuteur des républiques sud-américaines. Ils sont pour elles la puissante démocratie, déjà adulte, sans l'appui de laquelle leur jeune indépendance aurait peut-être succombé au berceau. Cela vaut déjà qu'elles l'écoutent et qu'elles la suivent.

Mais, en outre, elles ont un besoin quotidien de la puissante Union du Nord. Toutes ces républiques du Sud, même les plus grandes, ont des ressources uniquement végétales : le Brésil surabonde en caoutchouc, en café, en sucre ; l'Argentine, en céréales et en bétail. Toutes manquent de houille, de minerais, d'industrie. Elles vendent l'excédent de leurs produits agricoles aux États-Unis et au reste du monde. Elles reçoivent aujourd'hui la houille et les produits fabriqués, dont elles ont besoin, presque uniquement des États-Unis : l'Angleterre, absorbée par la guerre et par ses alliés, ne leur envoie plus de houille.

Même si le sentiment ne les y portait pas, les nécessités économiques les obligeraient à marcher dans nos rangs, à nous fournir leurs produits alimentaires et leurs matières premières, — faute de quoi notre nouvel allié pourrait leur refuser les produits dont elles ont besoin pour vivre.

C'est là le dernier service que nous rend l'Union

américaine. Elle achève, par l'Amérique du Sud, l'alliance des peuples libres contre le militarisme allemand. Les Allemands affectent de rire de ces alliés de la dernière heure, qui n'ont ni armée, ni réserves de population, ni réserves d'or. Il est douteux qu'ils rient sincèrement, s'ils songent à leurs navires saisis dans des ports brésiliens, à leur conquête économique de l'Amérique du Sud annihilée, à nos ports où débarquent, en même temps que les soldats des États-Unis, le caoutchouc du Brésil, les cuirs, les viandes et les blés de l'Argentine, le sucre de Cuba.

Et cela, pendant que Hambourg dort, d'un sommeil de mort...

****

« Jusqu'au dernier sou, jusqu'au dernier homme, jusqu'au dernier battement de cœur. »

Ces mots, prononcés en mai 1917, à Chicago, devant la Mission Française par le Gouverneur de l'Illinois, expriment bien la volonté qui anime les États-Unis de se donner tout entiers à la grande guerre, où ils sont entrés librement, et d'y *épuiser*, s'il le faut, toutes leurs ressources.

Comment ne serions-nous pas animés du plus grand espoir, quand nous savons que ces ressources sont *inépuisables* ?

Juillet 1917.

TABLE

CE QUE LES ÉTATS-UNIS NOUS APPORTENT :

80426. — Imprimerie LAHURE, 9, rue de Fleurus, à Paris.